Grands Événements | numéro 31

L'AFFAIRE DREYFUS
ET LA CONSPIRATION DE L'ÉTAT

Lutter pour la vérité et la justice

par Pierre Mettra

50MINUTES

L'AFFAIRE DREYFUS

- **Quand ?** D'octobre 1894 à juillet 1906.
- **Où ?** En France, en particulier à Paris.
- **Contexte ?**
    - Les tensions internes à la Troisième République.
    - Les tensions militaires en Europe à la fin du XIXe siècle.
    - La montée de l'antisémitisme et du nationalisme.
- **Protagonistes principaux ?**
    - Alfred Dreyfus, officier français (1859-1935).
    - Auguste Mercier, général français (1833-1921).
    - Émile Zola, écrivain français (1840-1902).
    - Hubert Joseph Henry, officier français (1846-1898).
    - Ferdinand Walsin-Esterházy, officier français d'origine hongroise (1847-1923).
    - Georges Picquart, général français (1854-1914).
    - Bernard Lazare, écrivain et journaliste français (1865-1903).
    - La presse parisienne.
    - L'opinion publique française.
- **Répercussions ?**
    - Le déchirement de l'opinion française dans le cadre d'une longue lutte pour la vérité.
    - La mise au point d'un idéal républicain et démocratique français.

L'affaire Dreyfus est avant tout l'histoire d'une injustice. En 1894, la vie du capitaine Alfred Dreyfus bascule, alors qu'il est condamné à l'emprisonnement à perpétuité sur un îlot lugubre de Guyane française pour un crime de haute trahison qu'il n'a pas commis. Un long combat s'engage alors pour la vérité et la justice, provoquant un débat qui déchire l'opinion parisienne en deux camps : dreyfusards et antidreyfusards.

Les tensions sociales du temps se cristallisent autour des vives polémiques générées par la condamnation du capitaine juif. Sa culpabilité, forgée par un état-major français qui multiplie les fraudes et les malversations, révèle les faiblesses de la Troisième République face à un nationalisme grandissant appuyé sur un cléricalisme antisémite et une sacralisation de l'armée française. D'une affaire judiciaire, l'événement devient un problème de société. Les dissensions finissent par gagner l'Assemblée et alimentent un climat délétère qui menace gravement les institutions républicaines.

La tempête qui traverse l'opinion publique est illustrée par une presse d'une grande vitalité. Les grands idéaux politiques de l'époque sont mobilisés, et des personnes d'influence s'investissent dans la défense d'Alfred Dreyfus et dans celle des valeurs de la République, que la machination ourdie contre le capitaine remet en question. Des auteurs, comme Émile Zola, des hommes politiques, tels Georges Clemenceau (1841-1929) et Jean Jaurès (1859-1914), des journalistes, à l'instar de Joseph Reinach (1856-1921), mais aussi des enseignants, des avocats et même des militaires, comme Georges Picquart, se battront pour que justice soit rendue.

La grande crise issue de l'affaire Dreyfus participe amplement à la définition de l'idée moderne de république et incarne un moment fort de la construction de la vie parlementaire française. Les problématiques qui en sont nées conservent toute leur force, et sont à même d'interroger l'actualité politique du XXIe siècle.

UNE PÉRIODE D'INSTABILITÉ POLITIQUE ET SOCIALE

En 1894, alors que s'ouvre l'affaire Dreyfus, la France sort tout juste d'une période de crise. Battue en 1871 par les armées prussiennes, elle voit son territoire en partie occupé. La Troisième République qui s'inaugure alors se heurte en 1889 au boulangisme, mouvement démagogique mené par le général Boulanger (1837-1891) qui menace directement la République. À cela s'ajoute, en 1892, l'affaire de Panamá qui a trait à la corruption de certains hommes politiques par l'entremise de la compagnie chargée de percer l'isthme panaméen. Alors que ce scandale éclabousse les hautes sphères de l'État, une forme virulente d'activisme politique se met en place. Cette propagande par le fait consiste en une série d'attentats à la bombe et d'exécutions, qui culmine avec l'assassinat du président du Conseil Sadi Carnot (1837-1894). Ces violences, principalement dues à des militants anarchistes, sont réprimées par des mesures sévères, les lois scélérates.

Si la France connaît des crises importantes, c'est également l'absence totale de politique sociale qui sème le trouble. La République est bourgeoise, attachée à des valeurs traditionnelles de travail et d'épargne, socialement immobiliste et idéologiquement attachée au positivisme, à l'idée de progrès scientifique. Les élections de 1893 donnent l'avantage aux républicains modérés, au détriment des radicaux de gauche. Les monarchistes forment encore une force parlementaire. Quelque peu marginalisés, les socialistes, à l'extrême gauche de l'échiquier parlementaire, comptent 40 députés, dont Jean Jaurès.

Au niveau économique, la France dispose d'un franc stable et laisse entrevoir une certaine croissance. Les matières premières nécessaires à l'expansion industrielle sont la houille et l'acier, que la France produit en quantité. Ces matériaux sont également nécessaires à la fabrication d'armements.

L'ARMÉE ET LA RÉPUBLIQUE

L'armée française occupe au moment des faits une place fondamentale dans l'idéologie nationale. Alors que les tensions entre la France et l'Allemagne sont nombreuses, elle est valorisée et considérée comme un rempart contre les agressions d'outre-Rhin. De plus, le militaire est largement mis en avant par l'idéologie nationaliste alors en plein essor.

Si l'opinion publique s'intéresse véritablement aux choses de l'armée, et que la République la valorise, l'inverse n'est pas vrai. L'état-major français est indépendant, et se maintient quand les gouvernements sont appelés à changer. L'armée forme donc un ensemble social et politique capable de se reproduire lui-même, dangereusement détaché du contrôle républicain. Si de jeunes gradés sortis de l'École polytechnique peuvent lui insuffler un esprit républicain, elle est encore majoritairement dominée par l'aristocratie, qui se situe politiquement du côté de la monarchie.

Dans le contexte délicat de l'époque, l'espionnage est largement pratiqué par tous les pays. La psyché nationale est envahie par la peur de l'agent à la solde de l'ennemi, qui nourrit également les romans-feuilletons et les articles de journaux. Tout est en place pour faire naître la paranoïa. Pour y faire face, l'armée française dispose de son propre service d'espionnage et de contre-espionnage, la section de statistiques. L'Italie et l'Allemagne sont ses principaux terrains d'action, et des agents de renseignements y sont fréquemment envoyés. La Section est directement placée sous la responsabilité du général Charles-Arthur Gonse (1838-1917), sous-chef d'état-major, et sous la direction du lieutenant-colonel Jean Sandher (1846-1897). Ce dernier, assisté dans sa fonction par le commandant Hubert Joseph Henry, est un antisémite notoire. Il ne s'agit pas, à cette époque, d'un trait singulier, et cela illustre un revers sombre de la République.

UN ANTISÉMITISME LATENT

La France de la toute fin du XIXe siècle est en effet en proie à un antisémitisme latent. Si depuis longtemps les juifs souffrent des jugements émis à leur encontre par certaines franges de la société, la situation s'envenime dans les années 1890, notamment sous l'effet de certains penseurs de l'époque, tels qu'Édouard Drumont (1844-1917). Le journal qu'il édite, *La Libre Parole*, en est la tribune de prédilection. En 1886, il publie *La France juive*, un livre profondément haineux évoquant un complot juif, que liront notamment Hitler (1889-1945) et Mussolini (1883-1945). L'ouvrage rencontre un véritable succès en librairie, preuve du large auditoire que les idées antisémites mobilisent. Pour une certaine part de l'opinion, être juif signifie avoir un penchant naturel à la trahison et participer d'un syndicat de bandits fortunés.

LA FRANCE JUIVE

Ouvrage fondateur de l'antisémitisme moderne, *La France juive* de Drumont a connu un succès retentissant. Plus de 60 000 exemplaires se sont vendus l'année de sa première publication, et il est réédité près de 200 fois en 20 ans. Les 2 000 pages qui le composent évoquent, sur le registre de la paranoïa, un « syndicat » regroupant notamment les protestants et les francs-maçons sous l'égide des juifs du monde, assemblés pour asseoir leur domination sur l'humanité. Pour Drumont, fervent adepte d'un catholicisme populiste, les Juifs forment une « race » âpre au gain et naturellement disposée à nuire à l'humanité.

Caricature publiée dans *La Libre Parole* en 1895. Elle montre un Aryen se libérant des chaînes qui le tenaient captif du juif et du franc-maçon.

Au sein de l'armée, en particulier, des tensions surgissent. L'institution militaire est en effet, pour un certain nombre d'hommes juifs – parmi lesquels le capitaine d'artillerie Albert Dreyfus –, le lieu idéal pour exprimer son patriotisme et tenter de s'élever au sein de la République par le mérite. La réussite de certains d'entre eux, sortis de l'École polytechnique, attise les jalousies d'aristocrates gênés dans la progression de leur carrière, ce qui donnent lieu à des duels. En 1892, Drumont vient envenimer la situation en lançant dans son journal une vaste campagne de presse contre les juifs dans l'armée et en proposant toute une série de caricatures de soldats juifs.

Loin d'être un épiphénomène, cet antisémitisme pénètre la société française et sert de socle à des idéologies nationalistes émergentes, qui mènent au racisme et à la xénophobie, comme le révèle l'affaire Dreyfus.

ACTEURS PRINCIPAUX

ALFRED DREYFUS, OFFICIER FRANÇAIS

Né à Mulhouse en 1859, Alfred Dreyfus s'est trouvé malgré lui au centre d'une affaire judiciaire et politique majeure de la France de la Troisième République. Sa famille quitte l'Alsace en 1871, lorsqu'elle est annexée par l'Allemagne, pour s'installer à Paris afin de conserver la nationalité française. En 1878, le jeune homme entre à l'École polytechnique, puis, en 1890, à l'École de guerre. Officier d'artillerie prometteur, représentant d'une nouvelle classe de militaires républicains, son avenir dans l'armée est irrémédiablement brisé en 1894, lorsqu'il est accusé d'un crime qu'il n'a pas commis. Ayant réintégré l'armée, il sert pendant le premier conflit mondial et participe notamment à la bataille de la Marne. Il meurt en 1935 d'une crise cardiaque.

AUGUSTE MERCIER, GÉNÉRAL FRANÇAIS

Né à Arras en 1833, Auguste Mercier entame sa carrière militaire à l'École polytechnique. Il connaît ensuite une ascension notable et participe aux affrontements contre la Prusse en 1870. En 1889, il atteint le grade de général de division. Quatre ans plus tard, il obtient le portefeuille de la guerre au gouvernement français. Il se déclare alors républicain, incarnant au même titre que Dreyfus une nouvelle génération de militaires sortie de polytechnique. Pendant l'affaire Dreyfus, cependant, il se rend complice de malversations et de falsifications opérées par l'état-major pour assurer la condamnation d'un innocent. En 1889, alors que Georges Clemenceau et Jean Jaurès militent pour qu'il soit poursuivi pour ses crimes, le Parlement vote une loi d'amnistie le concernant. Jusqu'à sa mort en 1921, il affirme sa certitude quant à la culpabilité de Dreyfus.

ÉMILE ZOLA, ÉCRIVAIN FRANÇAIS

Le célèbre romancier Émile Zola est né le 18 avril 1840 à Paris. Il passe une partie de sa jeunesse à Aix-en-Provence, qu'il quitte en 1858 pour Paris. En 1861, il entre au service de l'éditeur Hachette, et, à partir de 1863, rédige régulièrement des articles littéraires et politiques, en tant que journaliste. C'est par la presse qu'il apporte sa plus grande contribution au combat dreyfusard, avec la publication de son illustre « J'accuse… ! », publié dans le journal *L'Aurore*. Empreint des idées positivistes de son temps, attaché à une description précise des réalités sociales qui l'entourent, il est l'auteur d'ouvrages majeurs décrivant des situations se voulant les plus réalistes possible, ce qui lui vaut d'être considéré comme le père du naturalisme. Son œuvre la plus célèbre est le récit épique, en 20 volumes, de la famille des Rougon-Macquart, véritable tableau de la société française de la fin du XIXe siècle. Il meurt à Paris en 1902.

HUBERT JOSEPH HENRY, OFFICIER FRANÇAIS

Hubert Joseph Henry est né en 1846 dans une famille modeste. Il entre dans l'armée française et participe aux combats opposant la France à l'Allemagne en 1870. En 1879, il est affecté au service de contre-espionnage français, la section de statistiques. Il y est chargé, notamment, de la lecture des documents interceptés à l'ambassade allemande à Paris. Il participe largement aux manipulations opérées par l'état-major pour inculper Dreyfus, et conçoit plusieurs faux grossiers. Lorsqu'il est démasqué en 1898, il se suicide.

FERDINAND WALSIN-ESTERHÁZY, OFFICIER FRANÇAIS D'ORIGINE HONGROISE

Ferdinand Walsin-Esterházy, né en 1847 d'un père militaire, choisit très tôt de passer sous les drapeaux. Il s'engage dans la Légion étrangère et participe au conflit militaire opposant la France et la

Prusse en 1870. À partir de 1874, il est officier à Paris, où il mène une vie dissolue. Flambeur, joueur, proxénète et escroc, il s'adresse dès 1894 à l'ambassade allemande afin d'y vendre des renseignements, moyennant paiement. Alfred Dreyfus est accusé de ce forfait à sa place, et c'est ainsi que débute l'Affaire. Il est visiblement proche du commandant Hubert Joseph Henry, qui l'aide à se protéger à partir de 1896. Quand ce dernier est arrêté, en 1898, Ferdinand Walsin-Esterházy fuit en Angleterre, où il vit en toute impunité jusqu'à sa mort en 1923.

GEORGES PICQUART, GÉNÉRAL FRANÇAIS

Né en 1854 à Strasbourg, Georges Picquart entre à la prestigieuse école de Saint-Cyr en 1872. Il gravit les échelons militaires et est, alors qu'il est placé à la tête de la section de statistiques en 1896, lieutenant-colonel. Très attaché à l'institution militaire, il milite cependant en faveur d'une révision du procès ayant injustement condamné Dreyfus. Pendant l'Affaire, il est discrédité et violemment pris à partie par la presse nationaliste, tandis que l'état-major tente de s'en délester et le poursuit en justice militaire. Il est réhabilité en 1906, en même temps qu'Alfred Dreyfus. Il meurt en 1914.

BERNARD LAZARE, ÉCRIVAIN ET JOURNALISTE FRANÇAIS

Bernard Lazare, né en 1865 d'une famille juive de Nîmes, est l'un des premiers soutiens du capitaine Dreyfus lorsque celui-ci est condamné en 1894. Après des hautes études à l'École pratique, il embrasse une carrière littéraire, rédigeant notamment des textes engagés abordant des problèmes sociaux, dont l'antisémitisme. Dreyfusard de la première heure, il participe à l'aventure éditoriale du célèbre texte de Zola, « J'accuse… ! », publié en janvier 1898. Il meurt à Paris en 1903, et ne voit donc pas la réhabilitation du capitaine Dreyfus pour laquelle il a si vivement milité.

L'AFFAIRE DREYFUS

LE BORDEREAU SUSPECT

L'une des tâches principales de la section de statistiques consiste à surveiller l'ambassade italienne à Paris et, surtout, l'ambassade allemande. Peu avant le début de l'affaire, l'attention de la Section est portée sur un attaché militaire allemand, Maximilian von Schwartzkoppen (1850-1917), envoyé par Berlin afin de mener des opérations d'espionnage en France. Sa correspondance est interceptée, et ses papiers sont récupérés par ce que le service de contre-espionnage français appelle la voie ordinaire, c'est-à-dire via l'ambassade. C'est ainsi que le contenu des corbeilles à papier de Schwartzkoppen est transmis à la Section par Marie Bastian, l'une des femmes de ménage de l'ambassade. Les services français y découvrent un trafic d'informations portant sur des plans directeurs, des documents instruisant de préparatifs de défense de certains territoires français. L'agent français chapeautant ce trafic est surnommé Dubois par Maximilien von Schwartzkoppen et Alessandro Panizzardi (1853-1928), l'attaché militaire italien.

Le 26 septembre 1894, la Section réceptionne les morceaux déchirés d'une lettre que le commandant Henry recompose. Le bordereau annonce l'envoi de documents relatifs aux activités militaires françaises. Henry le montre à son supérieur, le colonel Sandher, qui s'alarme. Il prévient le général Gonse, qui lui-même informe le général de Boisdeffre, chef de l'état-major. L'information est ainsi rapidement relayée jusqu'aux oreilles du général Mercier, le ministre de la Guerre.

AUX ORIGINES DE L'AFFAIRE DREYFUS : ENTRE ERREURS ET INCOMPÉTENCES

L'affaire inquiète et les généraux désirent trouver un coupable le plus rapidement possible. On décide alors d'enquêter dans les bureaux d'état-major. Déduction peu brillante, lorsqu'on considère les documents promis par le bordereau, qui se révèlent au final peu importants. De plus, on estime judicieux d'enquêter du côté des artilleurs stagiaires à l'état-major, ce qui est une nouvelle erreur puisque la lettre se termine par ces mots « je pars en manœuvre » ; or les stagiaires n'ont aucune mission prévue en 1894. Malgré tout, les rapports de stage sont passés en revue et l'on retient celui d'un officier décrit comme « très bien doué, mais prétentieux » : le capitaine Alfred Dreyfus.

Le 6 octobre 1894, la rédaction d'un premier rapport est confiée au lieutenant-colonel Armand du Paty de Clam (1853-1916), un officier de police judiciaire. Le rapport désigne Dreyfus comme suspect. Quelques jours plus tard, l'expert en écritures de la banque de France évoque ses doutes quant à la similitude des écritures de Dreyfus et de l'auteur du bordereau. Écarté de l'affaire, il est aussitôt remplacé par le préfet de police Alphonse Bertillon (1853-1914), qui ne tarde pas à déclarer que les graphies sont bien similaires, d'autant plus, précise-t-il, que l'écriture du bordereau est une écriture selon lui naturelle et non transformée par son auteur. Peu après, pourtant, il se contredit en affirmant que Dreyfus a forgé pour le bordereau une typographie mêlant sa propre écriture et celle de son frère. L'antisémitisme vient cimenter une série d'incompétences et d'erreurs grossières, et Alfred Dreyfus est désigné coupable.

Le 15 octobre 1894, Alfred Dreyfus, qui n'est au courant de rien, est appelé pour une inspection dans le bureau du général Boisdeffre. Le commandant Henry est présent, ainsi que le lieutenant-colonel du Paty de Clam. Ce dernier demande à Dreyfus d'écrire un court texte pour lui, prétextant une blessure à la main. Ce texte doit venir confirmer les expertises graphologiques fantaisistes des enquêteurs. Alfred Dreyfus s'exécute, mais il a froid en ce matin d'octobre, et sa main tremble. Les officiers présents sont convaincus qu'il s'agit d'une preuve de culpabilité, et l'arrêtent. On le laisse seul dans la pièce, disposant face à lui un pistolet chargé. Il ne se suicide pas, contrairement aux attentes de ses supérieurs, lui qui se sait innocent et qui estime donc qu'il s'agit là d'une méprise.

DE LA MÉPRISE AUX MALVERSATIONS

Le vrai coupable se nomme Ferdinand Walsin-Esterházy, chef de bataillon du 74e d'infanterie. Il est proche d'Édouard Drumont et exerce une certaine influence sur la direction éditoriale de *La Libre Parole*. C'est un personnage peu fréquentable, auteur d'exactions en tous genres, du proxénétisme à l'escroquerie. Joueur invétéré, il a constamment besoin d'argent, raison pour laquelle il prend contact avec Schwartzkoppen à l'été 1894. Lui promettant des documents secrets, l'escroc tente de lui soutirer de l'argent avec des papiers faux ou dérisoires, tels ceux qu'il évoque dans le bordereau dont il est l'auteur. Son comportement étrange finit par interpeller un agent double du nom de Cuers qui signale aux renseignements français la conduite suspecte d'un chef de bataillon. Mais l'affaire reste sans suite.

La Section intercepte le 2 novembre un télégramme envoyé par l'attaché militaire italien à son Gouvernement, informant ce dernier des procédures en cours dont il a eu connaissance. Le télégramme, déchiffré, suffit à indiquer que Dreyfus n'était pas en lien avec Panizzardi. Mais, le commandant Henry, avec l'assentiment de ses supérieurs, ajoute habilement quelques mots accusateurs au télégramme. Conscients de la légèreté de l'accusation, les officiers décident de constituer secrètement un dossier afin d'alourdir les charges pesant contre le malheureux. Dans ce dossier figurent plusieurs pièces douteuses, dont le télégramme modifié de Panizzardi. La Section ajoute des documents prouvant qu'il existe un lien – factice – entre le bordereau et l'affaire des plans directeurs. La lettre à l'origine de l'affaire qui terminait avec la mention « cette canaille de D. » y est ajoutée, l'initiale étant présentée comme correspondant à Dreyfus. Un commentaire appuyé visant à consolider l'ensemble y est également inséré.

Malgré les éléments incriminant qui s'accumulent, le procès pour trahison intenté contre Dreyfus, en décembre 1894, ne semble pas perdu d'avance pour le capitaine. En effet, le dossier secret ne peut être présenté comme preuve en salle d'audience, puisque l'authenticité des sources n'est pas assurée. Les faux étant assez grossiers, ils risqueraient de révéler la fraude à l'opinion publique. En outre, déclarer secret-défense un dossier somme toute peu incriminant permet de lui donner de l'importance, tout en donnant l'impression que l'état-major conserve bien les secrets de la France. Toutefois, le ministre de la Guerre ordonne à du Paty de Clam de le présenter aux juges en salle des délibérés, ce qui est illégal. Par la suite, de nombreux documents sont détruits. Le verdict tombe : Alfred Dreyfus est jugé coupable.

Le 5 janvier 1895, sous des huées antisémites, Dreyfus est dégradé dans la cour de l'École militaire. Le 21 février, il est embarqué sur le navire *Ville de Saint-Nazaire* et emmené en Guyane française. Il est mis en détention, seul, sur l'île du Diable, un rocher isolé au large, et dès le mois de septembre 1896, il est enchaîné chaque nuit dans sa cellule.

La dégradation de Dreyfus dans la cour Morland de l'École militaire par Henri Meyer.

LA PREMIÈRE LIGNE DREYFUSARDE

Alors que la condamnation est prononcée, Alfred Dreyfus et sa famille cherchent à comprendre ce qui a pu se passer pour qu'une telle méprise ait lieu. Sa femme Lucie (1869-1945) et son frère Matthieu (1857-1930) sont particulièrement actifs et tentent par tous les moyens de faire valoir l'innocence d'Alfred. Matthieu, un industriel mulhousien disposant de revenus confortables, met ses ressources au service d'une enquête privée. En mai 1895, il entre en contact avec l'auteur et publiciste juif nîmois Bernard Lazare qui accepte de prendre la direction des investigations, et entend rapidement parler du dossier secret. Joseph Reinach se joint au petit groupe qui se crée et qui constitue, comme l'a baptisé l'historien Gabriel Monod, une « ligne dreyfusarde ». Au moment de la formation de ce noyau engagé dans la défense de Dreyfus, il se dessine déjà un idéal de justice, élément idéologique central du camp dreyfusard. Corriger l'injustice faite à l'encontre du capitaine Dreyfus devient pour eux un moyen de faire progresser une lutte abstraite plus générale contre l'iniquité, comme le souligne Monod : « La France ne retrouvera l'estime du monde [...] que quand elle aura courageusement reconnu ses erreurs et rendra hommage à la Vérité et à la Justice. » (Lettre du 31 décembre 1898 adressée à Joseph Reinach)

Le combat pour la révision du procès de Dreyfus ne s'annonce pas facile. De nombreux journalistes considèrent en effet que le châtiment infligé au capitaine est juste. Mais un élément vient changer la situation : l'arrivée à la tête de la section de statistiques en juillet 1895 du lieutenant-colonel Picquart.

PREMIERS ESPOIRS DE RÉVISION :
LA VOIE PARLEMENTAIRE

Georges Picquart, brillant officier d'origine alsacienne, incarne la voie moderniste dont Dreyfus fait également partie. Il n'a cependant aucune compassion pour le capitaine dégradé, et ne cache pas son antisémitisme. En mars 1896, il réceptionne directement de l'ambassade un document surnommé « le petit bleu » qui établit clairement la relation entre Schwartzkoppen et Esterházy. Pris d'un doute, Picquart fait comparer l'écriture du document à celle du bordereau : elles correspondent.

Picquart est fort embarrassé : il ne désire en effet pas ternir l'honneur de l'armée, mais ce document prouve l'innocence de Dreyfus. Ne sachant que faire, il commence par envoyer une note discrète au général Gonse, l'encourageant à mener une procédure de révision. Ce dernier lui intime l'ordre d'ignorer cette nouvelle preuve et d'engager une enquête sur Esterházy qui ne mette pas en question la condamnation de Dreyfus. Le général de Boisdeffre prend connaissance des faits, de même que le nouveau ministre de la Guerre, Jean-Baptiste Billot (1828-1907). Continuant son enquête, le chef de la Section découvre la vacuité du dossier secret. Devenu gênant pour l'état major, Picquart est évincé et envoyé en Tunisie, où tous espèrent qu'il ne reviendra pas.

Fort heureusement, avant de partir, Picquart informe un avocat, Louis Leblois (1854-1928), de ses découvertes. Toujours attaché au prestige de l'armée, il lui interdit de prendre contact avec Matthieu Dreyfus, mais l'autorise à contacter Auguste Scheurer-Kestner (1833-1899), premier vice-président du Sénat favorable à la cause dreyfusarde. Leblois s'empresse de contacter le politicien le 13 juillet 1897, qui est désormais assuré de l'innocence d'Alfred Dreyfus. Ainsi, les dreyfusards peuvent compter sur l'engagement de Scheurer-Kestner, ainsi que sur celui de Ludovic Trarieux

(1840-1904), un avocat lui aussi convaincu de l'innocence du malheureux. Par ce dernier, des informations sur le dossier secret filtrent dans la presse.

Avec cette fuite, une intervention par voie parlementaire en faveur d'une révision devient imminente. Le commandant Henry, afin de calmer les inquiétudes de ses supérieurs, décide de multiplier les malversations. Il fait intercepter de faux télégrammes par l'armée, et surtout réalise un faux intégral. Ce document, désormais connu sous le nom de « faux Henry », est créé le 1er novembre 1897. Henry contrefait chez lui une lettre de Panizzardi adressée à Schwartzkoppen incriminant indubitablement Dreyfus. Il photographie ensuite son travail et détruit l'original, afin d'atténuer les soupçons probables.

Malheureusement pour Dreyfus et sa famille, la voie parlementaire se solde par un nouvel échec. Alors que le président du Conseil, Jules Méline (1838-1925), déclare lors de la séance du 8 novembre 1897 qu'« il n'y a pas d'affaire Dreyfus » (procès-verbal de la séance, Archives nationales, série C, sous série C.I), l'état-major n'est pas encore pleinement rassuré, et décide de lancer une instruction discrète de justice militaire contre Georges Picquart, qu'il suspecte d'avoir révélé des informations confidentielles aux journaux, et dont il veut se débarrasser.

NOUVEAUX ESPOIRS : LES INTELLECTUELS DANS L'AFFAIRE

La nouvelle des preuves accablant Esterházy arrive aux oreilles de Matthieu Dreyfus à la fin de l'année 1897. Il décide de les rendre publiques. L'état-major tente d'éluder la question et couvre Esterházy. Mais l'inculpation de ce dernier est inévitable, et il est traduit en justice à partir du 10 janvier. Alors que Picquart dépose et dénonce l'usage de faux, le général Mercier se défend et attaque vivement Picquart. Le 11 janvier, le commandant Esterházy est acquitté.

Le groupe des dreyfusards s'étoffe. Aux côtés de Matthieu Dreyfus se rangent désormais en ordre de bataille des journalistes et des écrivains, que les antidreyfusards appellent les intellectuels. L'un d'eux, Émile Zola, décide de s'impliquer activement dans l'Affaire. En janvier 1898, il publie dans le journal *L'Aurore*, avec l'appui de Bernard Lazare, un long article incriminant l'état-major français dans l'injuste condamnation du capitaine Dreyfus. Georges Clemenceau, alors rédacteur, lui trouve un titre frappant, qui occupe en gros caractères la une du quotidien : « J'accuse... ! ». L'effet est immédiat. Conformément à ce qu'attendaient Clemenceau et Zola, le Gouvernement porte plainte contre ce dernier pour diffamation. C'est qu'ils espèrent que le procès intenté contre Zola devienne le symbole du jugement équitable auquel n'a pas eu droit le capitaine Dreyfus.

L'AURORE

Littéraire, Artistique, Sociale

J'Accuse…!

LETTRE AU PRÉSIDENT DE LA RÉPUBLIQUE
Par ÉMILE ZOLA

La une de *L'Aurore* datant du 13 janvier 1898.

Le procès de Zola se tient du 7 au 23 février 1898. L'état-major défend le principe de la chose jugée – c'est-à-dire le respect inconditionnel de la sentence prononcée par un tribunal représentant la France, ce qui *de facto* sous-entend que l'Affaire ne peut être à nouveau entendue – et veut à tout prix éviter que cela ne devienne un second procès Dreyfus. C'est pourtant la tournure qu'il prend, et il soulève des heurts dans l'opinion publique. Chaque jour, des bagarres éclatent près du tribunal. Le verdict s'annonce défavorable à l'auteur de « J'accuse… ! ». Aussi, lorsque la sentence tombe, Zola a déjà quitté la France pour l'Angleterre. C'est un nouveau revers pour les dreyfusards.

Au lendemain de la condamnation de Zola, le camp dreyfusard est conscient que l'injustice faite à Dreyfus révèle les dysfonctionnements de la République. Ses membres sont dès lors plus décidés que jamais à lutter pour la défense des libertés individuelles. Celles-ci ont, pour eux, prééminence sur le domaine, si important soit-il, des intérêts de l'armée. C'est dans cette perspective que Ludovic Trarieux fonde en juin 1898 la Ligue des droits de l'homme. Le groupe, qui devient une association en 1901, se donne pour objectif particulier de sensibiliser l'opinion publique à la cause de Dreyfus et pour ambition générale de défendre les valeurs de l'état de droit. La référence à la Déclaration des droits de l'homme et du citoyen fait sens pour les dreyfusards. Ce texte fondateur est un symbole des vertus républicaines sur laquelle pèsent alors de lourdes menaces, comme le révèle l'Affaire.

VERS LA RÉVISION

En juillet 1898, Eugène Godefroy Cavaignac (1853-1905) obtient le poste de ministre de la Guerre. Alors qu'il désire ardemment clore l'Affaire, il contribuera pourtant à sa relance. Il réaffirme la force de la chose jugée, mais concède involontairement qu'elle ne l'est pas en prononçant le verdict une nouvelle fois. En outre, il s'appuie sur les pièces du dossier secret, dont les multiples documents contrefaits par le commandant Henry. Or, en août, son officier d'ordonnance, passant les documents en revue, s'aperçoit de la présence de ces documents falsifiés. Par ailleurs, dans le cadre d'une enquête qu'il mène afin d'exclure Esterházy de l'armée, il se rend compte que ce dernier a collaboré avec l'état-major pour couvrir sa culpabilité au détriment de Dreyfus. En mauvaise posture, Cavaignac ne peut pourtant pas faire marche arrière. Il interroge donc Henry, qui avoue tout. Le commandant est aussitôt déféré en prison, où il se suicide. Le 26 septembre 1898, le Conseil des ministres accepte la requête de Lucie Dreyfus de saisir la Cour de cassation.

En juin 1899, le jugement de 1894 est cassé. Le lieutenant-colonel Picquart est toutefois mis aux arrêts et poursuivi par une cour martiale pour avoir communiqué des renseignements confidentiels obtenus lors de son service. L'état-major n'a visiblement pas l'intention d'abandonner tout à fait sa défense. Mais son cas n'est pas désespéré, et le 3 juin 1899, la révision est officiellement annoncée.

UNE VICTOIRE EN DEMI-TEINTE

L'état-major réplique. Soutenu par des députés, il tente de dessaisir la chambre criminelle chargée de la mise en place de la révision pour étouffer l'Affaire. Mais celle-ci n'abandonne pas, et, en mars 1899, dessaisit même les autorités militaires du jugement de Georges Picquart. Les deux affaires sont en effet liées : Picquart condamné, cela renforcerait la sentence prononcée contre Dreyfus en 1894. Il est finalement décidé que le capitaine Dreyfus, rapatrié le 9 juin 1899 depuis la Guyane, serait jugé en révision par le tribunal militaire de Rennes.

Le procès s'ouvre en août 1899. Les officiers d'état-major viennent tous témoigner de la culpabilité de Dreyfus, et affirment l'innocence d'Esterházy. Les débats sont vifs, et le verdict ne semble pas de bon augure pour Alfred Dreyfus. Le 8 septembre 1899, la cour de Rennes le déclare à nouveau coupable, mais cette fois avec des circonstances atténuantes. Il écope d'une peine de dix ans de réclusion, ce qui laisse les dreyfusards pantois. Si la formulation du verdict paraît surprenante – que signifie en effet être coupable de trahison avec des circonstances atténuantes ? –, il s'agit en fait de tenter d'apaiser la nation française, profondément divisée autour de l'Affaire. On cherche ainsi à calmer les tensions et à établir un consensus afin de mettre un terme aux dissensions profondes que connaît à l'époque le peuple français. L'Affaire a en effet donné naissance à deux groupes dont l'affrontement n'est pas seulement lié à la condamnation du capitaine Dreyfus, mais révèle en réalité des positions idéologiques et politiques fortes totalement opposées. Le camp dreyfusard défend des valeurs de justice universelle et invoque les principes de la Déclaration des droits de l'homme et du citoyen, perçus comme symbole de démocratie et fondement de la vigilance républicaine face aux abus de pouvoir. Leurs adversaires nationalistes chérissent quant à eux un idéal de primauté du prestige national sur les libertés individuelles, de sacrifice de l'individu au nom des intérêts supérieurs de la patrie.

Conscient des troubles importants suscités par l'Affaire, le président du Conseil, Pierre Waldeck-Rousseau (1846-1904), propose d'accorder la grâce présidentielle à Dreyfus. Son frère, Matthieu, a du mal à accepter ce compromis qui fait d'Alfred non pas un innocent, mais un coupable pardonné. Des personnalités ralliées à sa cause l'encouragent cependant à accepter. Les dreyfusards finissent par céder et, le 19 septembre 1899, le président de la République Émile Loubet (1838-1929) signe l'acte graciant Dreyfus. Après quatre ans passés au bagne, il est enfin libre.

RÉPERCUSSIONS

L'IMPACT DANS L'OPINION PUBLIQUE

C'est par la presse que l'opinion publique se renseigne et vit essentiellement les rebondissements de l'Affaire. Sous la Troisième République, elle jouit en effet d'une influence considérable, la loi du 29 juillet 1881 en garantissant la liberté. C'est d'ailleurs au nom de cette liberté que la xénophobie et l'antisémitisme ont droit de cité dans les colonnes des journaux. Alors que l'Affaire prend de l'ampleur, la presse nationaliste se déchaîne. À l'occasion de la dégradation du capitaine Dreyfus, *La Libre Parole* titre « À bas les Juifs ! Vive l'armée ». En 1896, *L'Intransigeant* du républicain Henri Rochefort (1831-1913) s'accorde avec le titre du livre de Drumont pour dénoncer une prétendue « juiverie » soutenant Dreyfus. L'alliance dreyfusarde qui se forme alors est associée par cette presse virulente à un syndicat, regroupant juifs, francs-maçons, protestants et étrangers, selon les théories de l'écrivain royaliste Charles Maurras (1868-1952).

La une du journal *La Libre Parole* dans laquelle on peut voir un portrait de Drumont.

La plupart des médias de l'époque est antidreyfusarde. Cette uniformité de position contraste avec la fracture profonde qui scinde l'opinion parisienne. Preuve en est la caricature désormais célèbre du dessinateur Caran d'Ache (de son vrai nom Émile Poiré, 1859-1909) intitulée *Un dîner en famille*, publiée le 14 février 1898 dans *Le Figaro*.

Un dîner en famille, Caran d'Ache, 1898. La première case montre une douzaine de convives souriants attablés et affiche en guise de sous-titre : « Surtout ! Ne parlons pas de l'affaire Dreyfus ». Une seconde image présente les mêmes commensaux se battant et le sous-titre annonce « ...Ils en ont parlé... ».

Ce témoignage des clivages au sein de l'opinion publique ne peut cependant s'appliquer qu'au cas parisien. En effet, dans le reste de la France, l'Affaire ne suscite pas les mêmes engouements, et ne provoque en général que l'indifférence.

UNE AFFAIRE POLITIQUE : DREYFUSARDS, DREYFUSISTES, DREYFUSIENS

Si l'affaire Dreyfus est un événement marquant de l'histoire de la Troisième République, c'est parce qu'elle joue un rôle de prisme cristallisant des tensions majeures de l'époque. D'une injustice commise envers un individu, elle devient un problème sociétal, puis le ferment de la crise politique. Il s'agit, par conséquent, de différencier trois formes différentes d'engagement dans l'Affaire.

- Les dreyfusards, apparus dès 1894, sont des individus ayant à cœur de réhabiliter un innocent condamné à tort, le capitaine Alfred Dreyfus. C'est autour de l'homme bafoué et de la personne juive victime d'antisémitisme qu'ils construisent leur lutte.
- Les dreyfusistes, qui apparaissent alors que l'Affaire prend de l'ampleur et suscite de vives réactions au sein de l'opinion et des journaux, ont une vision plus large, mais tout aussi importante, que celle des dreyfusards. L'Affaire constitue pour eux un phénomène de société, qui, comme un bain révélateur, débusque les démons de la République qu'il s'agit d'exorciser. Le dreyfusisme conçoit l'Affaire comme une occasion de former une nouvelle politique, de consolider les bases républicaines françaises de cette fin du XIXe siècle.
- Enfin, il faut garder en mémoire le fait que l'affaire Dreyfus est également une affaire politique. En effet, les oppositions virulentes entre dreyfusistes et nationalistes, visibles de 1894 à 1900, confère à la politique française un climat délétère.

Le phénomène prend une ampleur telle qu'il en vient à menacer la république parlementaire. Le 23 février 1899, alors que se déroulent les funérailles du président Félix Faure (1841-1899), des milliers de nationalistes emmenés par le romancier Paul Déroulède (1846-1914) ainsi que par Charles Maurras, idéologiquement très proches de Drumont, s'amassent sur la place de la Nation, espérant renverser le Gouvernement. Le putsch échoue et Déroulède est arrêté. Mais le danger est bien réel. C'est ainsi que se forme le groupe des dreyfusiens, que le sort personnel de Dreyfus importe peu, mais qui souhaite une résolution rapide de l'Affaire afin d'écarter les menaces pesant sur la République. Parmi ceux-ci, on trouve notamment Waldeck-Rousseau, artisan de la grâce de Dreyfus qui, si cette dernière solution arrange le camp dreyfusien, ne répare cependant pas l'injustice commise envers le capitaine.

LA RÉHABILITATION DU CAPITAINE DREYFUS

En 1900, l'affaire Dreyfus semble, pour beaucoup, être du passé. Mais il reste encore quelques dreyfusards opiniâtres bien décidés à ne pas abandonner la lutte pour la réhabilitation. Matthieu Dreyfus enquête toujours dans l'espoir d'apporter des preuves irréfutables de l'innocence de son frère. Il est soutenu dans sa quête par Jean Jaurès, qui décide de relancer les débats autour de l'Affaire à la chambre des députés. Les 6 et 7 avril 1903, il y prononce un discours à ce sujet. La chambre hésite à rouvrir l'Affaire et choisit de lancer une enquête informelle. Le résultat est probant puisqu'il révèle les manipulations criminelles de l'état-major de 1894. On saisit la Cour de cassation, qui, le 12 juillet 1906, casse le jugement en révision de Rennes par ces mots désormais célèbres inscrits sur l'arrêt officiel : « De l'accusation portée contre Dreyfus, rien ne reste debout. » (Archives nationales, série BB, sous-série BB[19] 131)

Il faut cependant attendre la victoire du parti radical de Clemenceau, aux législatives de mai 1906, pour que la justice soit enfin rétablie. Les parlementaires Trarieux et Scheurer-Kestner sont honorés de façon posthume par la gauche, tandis que l'on décide de déplacer les cendres de Zola au Panthéon. Le 13 juillet 1906, la chambre vote les lois de réhabilitation de Georges Picquart et d'Alfred Dreyfus, qui est promu commandant et chevalier de la Légion d'honneur. La vérité est enfin restituée et vient mettre un terme à cet épineux dossier qui a agité la France durant 12 longues années.

Photo de la réhabilitation de Dreyfus prise par Valerian Gribayedoff.

EN RÉSUMÉ

26 sept. 1894	La Section réceptionne le bordereau suspect
Oct. 1894	Dreyfus est désigné comme suspect
Nov. 1894	L'état-major falsifie plusieurs documents pour accuser Dreyfus
Déc. 1894	Premier procès de Dreyfus
21 févr. 1895	Dreyfus est déporté en Guyane française
8 nov. 1897	La voie parlementaire échoue
Janv. 1898	Esterházy est inculpé, mais rapidement acquitté
13 janv. 1898	Publication du texte de Zola, « J'accuse… ! »
7-23 févr. 1898	Procès de Zola
Août 1898	Le commandant Henry avoue tout et se suicide
Juin 1899	Le jugement de 1894 est cassé
9 sept. 1899	Dreyfus est déclaré coupable avec des circonstances atténuantes
19 sept. 1899	Dreyfus est gracié

- En septembre 1894, un document surnommé le bordereau arrive à la section de statistiques, le service de contre-espionnage de l'armée française. Il révèle l'existence de liens entre un officier français et l'ambassade allemande à Paris. L'état-major est en émoi et désire démasquer le traître le plus vite possible.
- L'état-major et les officiers de la Section, profondément antisémites, désignent le capitaine d'origine juive Alfred Dreyfus comme coupable. Devant la légèreté des preuves, ils n'hésitent pas à verser dans l'illégalité et falsifient certains documents. Un dossier secret forgé arbitrairement précipite la condamnation de Dreyfus qui est déporté en Guyane française.

- Alors que Mathieu Dreyfus tente par tous les moyens de venir en aide à son frère, une contre-enquête est lancée. En 1896, l'arrivée à la tête de la Section de Georges Picquart vient bouleverser le dossier. Celui-ci découvre la vacuité de l'accusation portée à l'encontre du capitaine Dreyfus. Son engagement prudent n'aboutit qu'à le placer dans une situation gênante, et l'état-major tente de se débarrasser de lui.

- La voie parlementaire, soutenue par des députés engagés en faveur de Dreyfus, échoue également. Les dreyfusards sont discrédités et le Gouvernement refuse de revenir sur le jugement de 1894. L'état-major collabore avec l'auteur véritable du bordereau, le commandant Esterházy afin de couvrir leurs malversations.

- Pendant ce temps, l'Affaire prend des proportions insoupçonnées. À Paris, l'opinion est divisée, et les journaux se font l'écho des virulents débats. D'une injustice policière, le cas devient une affaire politique. Face aux nationalistes qui se déchaînent se dressent les dreyfusistes, qui considèrent que l'injustice commise à l'encontre de Dreyfus est un événement révélateur des vices de la République.

- Alors que les tensions s'exacerbent, il se forme dans le camp dreyfusard un groupe dit des intellectuels, regroupant auteurs et membres de grandes écoles, parmi lesquels se trouve Émile Zola. En 1898, celui-ci publie dans le journal *L'Aurore* un texte enflammé intitulé « J'accuse… ! », dans l'espoir d'amorcer une révision de l'Affaire. Si l'opinion est bouleversée, cette tentative échoue et Zola est contraint à l'exil.

- Jules Cavaignac, ministre de la Guerre à partir de 1898, lance une grande opération visant à classer le dossier une fois pour toutes. Au lieu de cela, son entreprise met en lumière les manipulations des officiers d'état-major. Le commandant Henry, auteur de plusieurs faux grossiers, est emprisonné et se suicide durant son incarcération. La révision est enfin engagée.

- Le procès de Rennes de 1899 se termine cependant sur une validation de la condamnation de Dreyfus. Le président du conseil Waldeck Rousseau, conscient du danger que l'Affaire fait courir au régime parlementaire, trouve un expédient : Dreyfus est gracié, mais il reste considéré comme coupable des faits qui lui sont reprochés.
- Le combat des derniers dreyfusards pour la réhabilitation complète, soutenu notamment par Jean Jaurès, n'aboutit véritablement qu'en 1906. Alfred Dreyfus est alors réhabilité, et reçoit le titre de chevalier de l'ordre de la Légion d'honneur, mettant ainsi fin à un combat long d'une dizaine d'années.

POUR ALLER PLUS LOIN

SOURCES BIBLIOGRAPHIQUES

- Baumont (Maurice), *Aux sources de l'Affaire*, Paris, Les Productions de Paris, 1959.
- Birnbaum (Pierre), *L'affaire Dreyfus. La République en péril*, Paris, Gallimard, 1994.
- Duclert (Vincent), *L'affaire Dreyfus*, Paris, La Découverte, 2006.
- Faletti (Sébastien), *Alfred Dreyfus*, Paris, Hatier, coll. « Figures de l'histoire », 2002.
- Ponty (Janine), « La presse quotidienne et l'affaire Dreyfus en 1898-1899 », in *Revue d'histoire moderne et contemporaine*, avril-juin 1974.

SOURCES COMPLÉMENTAIRES

- Dreyfus (Alfred), *Carnets (1899-1907)*, Paris, Calmann-Lévy, 1998.
- Boisset (Yves), *L'Affaire Dreyfus*, téléfilm en deux parties, 1995.
- « L'affaire Dreyfus », in *Société internationale d'histoire de l'affaire Dreyfus*.
  http://affaire-dreyfus.com/

SOURCES ICONOGRAPHIQUES

- La dégradation de Dreyfus dans la cour Morland de l'École militaire par Henri Meyer. La photo reproduite est réputée libre de droits.
- Caricature publiée dans *La Libre Parole* en 1895. Elle montre un Aryen se libérant des chaînes qui le tenaient captif du juif et du franc-maçon. La photo reproduite est réputée libre de droits.

- La une de *L'Aurore* datant du 13 janvier 1898. La photo reproduite est réputée libre de droits.
- La une du journal *La Libre Parole* dans laquelle on peut voir un portrait de Drumont. La photo reproduite est réputée libre de droits.
- *Un dîner en famille*, Caran d'Ache, 1898. La photo reproduite est réputée libre de droits.
- Photo de la réhabilitation de Dreyfus prise par Valerian Gribayedoff. La photo reproduite est réputée libre de droits.

www.50minutes.com

Éditeur responsable : Lemaitre Publishing
Rue Lemaitre 6 | BE-5000 Namur
info@lemaitre-editions.com

ISBN ebook : 978-2-8062-6446-6
ISBN papier : 978-2-8062-6447-3
Dépôt légal : D/2015/12603/203
Photo de couverture : © Claude Guillaumin

Conception numérique : Primento,
le partenaire numérique des éditeurs

Made in the USA
Monee, IL
07 July 2026